아주 작은 생명 이야기

글쓴이 노정환은 1965년 서울에서 태어났습니다. 효리원 등 여러 출판사에서 편집자로 일했습니다.
현재 프리랜서로 편집과 기획 일을 하는 한편, 관심 분야인 역사와 과학을 어떻게 하면 어린이들에게
쉽게 전달할 수 있을까 고민하고 있습니다. 그 결과로 나온 첫 결실이 이 책 『아주 작은 생명 이야기』입니다.

지은이 황헌만은 1948년 서울에서 태어났습니다. 소년잡지 『어깨동무』와 『소년중앙』에서 사진기자로 일했습니다.
현재 사진 작업실 'M2'를 운영하며, 사라져 가는 우리 것들을 사진으로 기록하는 작업을 하고 있습니다.
사진집으로 『장승』 『초가』 『조선땅 마을지킴이』 『한국의 세시풍속』 『도산서원』 『옹기』 『하회마을』 『임진강』 등이 있고,
사진 동화로 『민들레의 꿈』 『민들레 일기』 『내 이름은 민들레』 『섬서구메뚜기의 모험』 『날아라, 재두루미』
『춤추는 저어새』 『강가에 사는 고라니』 『독수리의 겨울나기』 『노랑발 쇠백로 가족』 등이 있습니다.

감수자 김승태는 건국대학교에서 농업곤충학으로 박사 학위를 받았습니다.
현재 한국곤충학회, 한국응용곤충학회와 미국과 영국, 일본 등 여러 나라의 거미학회에서 활동하며,
서울대학교 농업생명과학연구원 책임연구원/강사로 있습니다. 지은 책으로 『열려라! 거미나라』 『거미의 세계』 등이 있으며,
감수한 책으로 『작은 곤충들의 신기한 집 짓기』 『개미집에 놀러 와요』 『민들레의 꿈』 등이 있습니다.

아주 작은 생명 이야기

ⓒ노정환, 황헌만 2009

글 노정환　**사진** 황헌만　**감수** 김승태
펴낸이 김서영

펴낸곳 토마토하우스
등록 2005년 8월 4일(제406-2005-000027호)
주소 413-120 경기도 파주시 광인사길 37
홈페이지 www.sonyunhangil.co.kr　**전자우편** sonyunhangil@hangilsa.co.kr
전화 031-955-2012　**팩스** 031-955-2089

부사장 박관순　**관리이사** 곽명호　**영업이사** 이경호　**경영담당이사** 김관영
편집 홍희정 이인영　**마케팅** 윤민영　**관리** 이중환 김선희 문주상 이희문 원선아
디자인 창포　**출력 및 인쇄** 예림인쇄　**제본** 광성문화사

제1판 제1쇄 2009년 6월 15일
제1판 제5쇄 2015년 9월 23일

값 12,000원
ISBN 978-89-92089-67-8 73480

- 이 책은 저작권법에 따라 보호받는 저작물입니다. 이 책의 내용 일부 또는 전부를 재사용하려면
  반드시 저작권자와 출판사 양쪽의 허락을 받아야 합니다.
- 잘못 만들어진 책은 구입하신 서점에서 바꿔드립니다.
- 이 도서의 국립중앙도서관 출판시도서목록(CIP)은 서지정보유통지원시스템 홈페이지(seoji.nl.go.kr)와
  국가자료공동목록시스템(www.nl.go.kr/kolisnet)에서 이용하실 수 있습니다. (CIP제어번호: CIP2009001585)

design CHANGPO　031 955 2082

아주 작은 생명 이야기

노정환 글 · 황헌만 사진

"후유!"
외딴곳에 홀로 핀 민들레가 한숨을 쉬었어요.
그때 귀에 익은 목소리가 들려왔어요.
"웬 한숨이니? 무슨 일 있어?"
눈이 크고 예쁜 노린재였어요.
만난 지는 얼마 되지 않지만 무척 친한 친구였지요.
외따로 핀 민들레는 친구가 없어 퍽이나 외로웠고,
노린재는 고약한 냄새 때문에 따돌림을 당했거든요.
"나비나 벌이 날아와 내 꽃가루를 가져가야 할 때인데,
아무도 오지 않아 걱정하던 참이야."
민들레가 힘없는 목소리로 대답했어요.
"걱정 마. 내가 도와줄게.
안 그래도 네 꽃가루를 옮겨 주려고 온 거란다."
"정말? 넌 참 좋은 친구야. 고마워!"
민들레는 너무 기뻐 노린재에게 살포시 기댔어요.

"드디어 씨앗이 맺혔어!"

노린재의 말대로 정말 민들레에게 갓털에 둘러싸인 씨앗이 가득 맺혔어요.

노린재가 부지런히 날아다니며 꽃가루를 날라 준 덕분이었지요.

하지만 민들레는 다시 한숨을 내쉬고는 힘없이 말했어요.

"네 덕분에 씨앗은 맺혔지만, 바람이 불어와 씨앗들을 멀리 실어다 줘야 해.

그래야 새로운 싹을 틔울 수 있거든."

"걱정 마! 내가 바람을 만들어 줄게."

노린재는 친구를 위해 날갯짓으로 바람을 일으켰어요.

그 바람을 타고 갓털에 매달린 씨앗들이 하나 둘씩 날아가기 시작했어요.
그런데 씨앗들이 날아갈수록 민들레가 점점 민둥 머리로 변하는 것 아니겠어요?
"어, 이게 무슨 일이야? 네 모습이 왜 이래?"
깜짝 놀란 노린재가 물었어요.
"놀랄 거 없어. 씨앗을 날려 보내서 그런 거니까. 이제 할 일을 다 마쳤으니
난 좀 쉬어야겠다. 너무 지쳤거든. 그럼 내년에 다시 만날 때까지 안녕!"

"널 돕는 게 아니었어. 이럴 줄 알았다면 절대 널 돕지 않았을 거야!"
노린재는 씨앗이 날아가지 못하게 갓털 하나를 붙잡고 씨름했지만
결국은 소용없는 일이었어요. 그동안 다른 갓털들이 날아가 버렸으니까요.

슬픔에 빠진 노린재에게 친구가 찾아왔어요.

"너무 슬퍼하지 마. 그게 민들레에게 주어진 삶이니까.

우리가 알에서 나와 애벌레를 거쳐 어른이 되듯이, 민들레에게도 그만의 삶이 있는 거란다."

그 말을 듣고 노린재는 결심했어요.

"그래, 나도 민들레처럼 씩씩하게 살아가겠어. 민들레야, 네가 날려 보낸 씨앗들이

어떻게 크는지 보고 와서 내년 봄에 얘기해 줄게! 약속해."

노린재는 민들레 씨앗을 찾아 길을 떠났어요.

노린재가 한참 헤매고 있을 때, 개미 한 마리가 보였어요.

아, 그런데 이걸 어쩌죠? 민들레 갓털을 물고 막 개미구멍으로 들어가고 있네요.

"어, 저걸 어쩌지?"

개미집에서도 난리가 났어요.

뒤집어진 우산살 모양의 갓털이 입구를 꽉 막아 버렸거든요.

"어느 녀석이 이런 이상한 걸 물어 온 거야? 옴짝달싹할 수가 없잖아!"

"어서 갖다 버리지 못해?"

"에이, 괜히 고생만 했잖아."
다른 개미들이 야단하는 바람에
갓털을 물고 온 개미는 투덜거리며 도로 치웠어요.

"다행이다. 정말 잘됐어. 이제 꿋꿋이 잘 자라야 한다!"
그제야 안심한 노린재는 기쁜 마음으로 민들레 씨앗을 땅에 잘 심어 주었어요.
씨앗이 앞으로 어떻게 자랄까 궁금해 하면서요.

노린재의 바람이 통했는지
민들레의 새싹이 단단한 땅을 뚫고 밖으로 나왔어요.
"후유, 이제 좀 숨을 쉴 것 같네."
어두컴컴한 땅속에만 있다가 밖으로 나온 새싹의 눈에
세상은 온통 신기하고 아름다워 보였지요.

하루하루 지날수록 민들레의 떡잎은 무럭무럭 자랐어요.
한 잎, 두 잎, 세 잎, 그 수도 늘어났지요.
"옳지. 장하다, 장해!"
어린 민들레가 자라는 모습을 바라보며 노린재는 대견해 했어요.

어느 날, 오랫동안 멀리서 바라보기만 하던 노린재가
어린 민들레에게 다가가 인사했어요.
"안녕? 나는 노린재야. 네 엄마랑 친한 친구란다."
"어, 정말요?"
"응, 이제부터 내가 엄마 대신 네 곁에 있어 줄게."
노린재는 어린 민들레가 잘 클 수 있게 용기를 북돋아 주었어요.
개미 뱃속에 들어갈 뻔했다가 무사히 살아 나왔으니
앞으로는 별 탈 없이 잘 자랄 거라는 얘기도 들려주었지요.

시간이 흘러 알을 낳을 때가 되자 노린재가 어린 민들레에게 조심스레 물었어요.
"네 잎에다 알을 낳아도 되겠니?"
"그럼요, 되고말고요."
어린 민들레의 시원스러운 대답에 노린재는 되레 미안해졌어요.
알에서 나온 애벌레들이 민들레 잎에서 즙을 빨아 먹으면, 그 잎은 시들어 버릴 테니까요.

애벌레들이 알을 깨고 나올 때가 되자 노린재가 말했어요.
"우리 노린재들은 애벌레가 태어나면 떠나야 한단다.
그런데 나는 조금 일찍 떠날까 해. 우리 애들은 민들레 네가 잘 보살펴 주렴.
나는 다른 민들레 씨앗들이 어떻게 자라는지 보러 가야겠다."
"꼭 그래야만 하나요?"
어린 민들레가 슬픈 목소리로 물었어요.
"네 엄마가 너를 만들고 민둥 머리가 되었듯이 나도 알을 낳으면 떠나야 해.
게다가 네 엄마와 한 약속을 지키려면 어쩔 수 없단다."

어린 민들레는 슬픔을 꾹 참고
노린재가 남긴 알들을 보살펴 주었어요.
"와! 깨어난다, 깨어나."
드디어 노란 애벌레들이 하나 둘
알을 깨고 나오기 시작했어요.
노린재가 알을 낳은 지
일주일쯤 만의 일이었어요.
그다음 날에는 모든 알에서
애벌레들이 태어났어요.
시간이 흐를수록 애벌레들은
겉껍질이 단단해지고 색도 짙어졌어요.

어린 민들레의 보호를 받으며 애벌레들은 쑥쑥 자랐어요.
허물을 벗고 몸집도 커졌답니다. 그리고 어느덧 떠나야 할 때가 되었어요.
막 태어난 애벌레들은 함께 모여 살지만 허물을 벗고 나면
스스로 먹이를 구하고 혼자 힘으로 살아 나가야 하거든요.

한 마리, 두 마리, 세 마리…….
애벌레들이 떠나자 어린 민들레는 슬퍼졌어요.
"노린재 아줌마, 보고 있어요? 애벌레들이 각자 살 곳을 찾아 떠나고 있어요.
그동안 제가 보살펴 주어서 이만큼 자랐답니다. 저 약속 잘 지켰죠?"

그때, 파리 한 마리가 다가왔어요.
애벌레의 즙을 빨아 먹으려는 거였지요.
"저, 저 걸 어째? 얘들아, 어서 피해! 어서 달아나!"
어린 민들레는 안타까운 목소리로 애벌레들에게 외쳤어요.

그 소리를 듣기라도 한 걸까요?
애벌레들은 고약한 냄새를 풍기며 파리를 피해 달아나기 시작했어요.
자기보다 몇 배나 큰 돌멩이를 간신히 넘어가는 애벌레도 있고,
어린 민들레에게로 되돌아가는 애벌레도 있었어요.

애벌레들이 내뿜은 지독한 냄새에 파리가 정신을 못 차리는 틈을 타
어린 민들레는 슬쩍 잎을 내렸어요. 도망치는 애벌레들을 도와주려고요.
덕분에 한 애벌레가 민들레 잎을 타고 올라와 잎 뒤로 몸을 숨길 수 있었지요.

"잠시 여기서 피했다 가도 될까요?"
어린 민들레는 노린재 애벌레를 반갑게 맞아 주었어요.
"물론 되고말고. 네가 다 자랄 때까지 여기서 지내도 된단다."
어린 민들레는 엄마 노린재의 이야기를 들려주며 애벌레를 안심시켰어요.

노린재 애벌레는 어린 민들레를 떠나지 않았어요.

어린 민들레가 곁에서 든든히 지켜 주었거든요.

노린재 애벌레는 이슬과 민들레 잎의 즙을 먹고 무럭무럭 자랐어요.

그러던 어느 날이었어요.

노린재 애벌레가 꼼지락꼼지락하며 등이 가렵다고 투정을 부렸어요.

어린 민들레는 잠시 기억을 더듬었어요.

"아, 네가 어른이 되려나 봐. 등이 가렵고 갈라지는 건 어른이 되는 증거랬어."

민들레의 말대로 노린재 애벌레의 등이 점점 갈라지기 시작했어요.

마지막 탈바꿈의 순간, 노린재 애벌레는 민들레 잎을 잡고 꿈틀댔어요.
그러다가 그만 잡고 있던 잎을 놓치고 말았어요.
"아이쿠!"
껍질을 벗는 데만 신경 쓰다가 민들레 잎에서 툭, 떨어진 거예요.

"으악! 큰일이다, 큰일!"
노린재 애벌레는 채 빠져나오지 못한 껍질을 끌고
끙끙거리며 어린 민들레의 잎으로 올라갔어요.
위험한 순간이었어요!
다른 벌레들의 눈에 띄었다가는 잡아먹히기 십상이었으니까요.
"어서 서둘러!"
어린 민들레도 걱정스러운 목소리로 재촉했어요.

"조금만, 조금만 더 힘을 내."
간신히 민들레 잎 뒤에 숨은 노린재 애벌레는 어린 민들레의 응원을 받으며
다시 껍질을 벗기 시작했어요.
이십 분쯤 만에 껍질이 거의 다 벗겨졌어요.
껍질 밖으로 나온 등의 색깔도 조금씩 변해 갔고요.

드디어, 껍질이 다 벗겨졌어요.
이제 노린재 애벌레도 어른이 된 거예요!
엄마 노린재처럼, 그동안 보살펴 준 어린 민들레처럼
혼자 힘으로 온갖 위험을 뚫고 씩씩하게 살아가야 하지요.
민들레가 씨앗을 날려 어린 민들레를 낳고
노린재가 애벌레 노린재를 낳은 것처럼 말이에요.
그렇게 한 생명에서 다른 생명으로 이어지는 것이 자연의 섭리니까요.

어린이를 위한 사진 동화 시리즈

민들레 일기
이상교 글 · 황헌만 사진 | 48쪽 | 10,000원
2007 한국출판인회의 선정 이달의 책
강인한 민들레의 한해살이
바람과 햇빛을 친구로 둔 어느 민들레의 한해살이. 새싹이 살그머니 고개를 내밀 때 깨어난 민들레는 된서리를 맞아도 끝까지 견뎌 내고 씨앗을 맺습니다.

날아라, 재두루미
황헌만 글 · 사진 | 40쪽 | 12,000원
2010 고래가 숨 쉬는 도서관 우리나라 그림책
2011 아침독서 추천도서
새끼 재두루미의 가슴 뭉클한 성장담
텅 빈 들판에 남은 건 다리를 다친 새끼 재두루미의 가족뿐입니다. 새끼 재두루미는 거듭 날갯짓을 연습하고, 마침내 성공합니다.

민들레의 꿈
황헌만 글 · 사진 | 40쪽 | 10,000원
2007 문화체육관광부 우수교양도서
민들레가 곤충 친구들에게 들려주는 꿈
민들레는 자신의 꿈을 짓밟으려는 잎벌레의 공격을 막아 냅니다. 민들레에게 감동을 받은 섬서구메뚜기는 다른 곤충 친구들에게 민들레의 꿈을 들려줍니다.

춤추는 저어새
황헌만 글 · 사진 | 40쪽 | 12,000원
2011 고래가 숨 쉬는 도서관 올해의 그림책
춤을 추는 저어새의 아름다운 몸짓
누구보다 춤을 잘 추고 싶은 저어새는 백로 선생님을 찾아가 학춤을 배웁니다. 열심히 노력한 끝에 저어새도 우아한 학춤을 출 수 있게 되었습니다.

내 이름은 민들레
이규희 글 · 황헌만 사진 | 48쪽 | 12,000원
2007 학교도서관사서협의회 권장도서
우리 민들레에게 보내는 아름다운 응원
민들레는 흔한 꽃이지만 서양민들레가 아닌, 우리 민들레는 좀처럼 만나기 힘듭니다. 밀양과 제주도에서 찾은 우리 민들레의 모습이 담겨 있습니다.

강가에 사는 고라니
황헌만 글 · 사진 | 40쪽 | 12,000원
2014 환경부 우수환경도서
호기심 많은 고라니의 모험
드넓은 벌판에서 친구들과 평화로운 시간을 보내던 고라니는 문득 강 건너편이 궁금해졌습니다. 강가의 얼음이 녹기 시작한 어느 날, 고라니의 용감한 모험이 시작됩니다!

섬서구메뚜기의 모험
김병규 글 · 황헌만 사진 | 36쪽 | 12,000원
2009 고래가 숨 쉬는 도서관 올해의 그림책
아슬아슬, 섬서구메뚜기의 모험
섬서구메뚜기는 반짝거리는 그물 놀이터에서 놀다가, 그물의 주인인 거미에게 혼쭐이 납니다. 그리고 그제야 방아깨비 형의 충고를 들을걸 후회합니다.

독수리의 겨울나기
황헌만 글 · 사진 | 40쪽 | 12,000원
독수리들의 고된 겨울나기
독수리는 애써 구한 먹이를 까치와 까마귀에게 빼앗기고 맙니다. 겨울의 매서운 칼바람과 눈보라, 그리고 배고픔을 독수리들은 과연 어떻게 견뎌 낼까요?

아주 작은 생명 이야기
노정환 글 · 황헌만 사진 | 48쪽 | 12,000원
2009 문화체육관광부 우수교양도서
끊임없이 이어지는 작은 생명들
외따로 핀 민들레는 노린재 덕분에 씨앗을 날려 보냅니다. 어린 민들레와 노린재 애벌레는 온갖 어려움을 헤치고 스스로 살아갈 준비를 합니다.

노랑발 쇠백로 가족
황헌만 글 · 사진 | 44쪽 | 13,000원
쇠백로들의 사랑과 홀로서기
금실 좋은 쇠백로 부부에게 귀여운 새끼들이 태어납니다. 정겨운 한때도 잠시, 어느덧 새끼들을 떠나보낼 때가 찾아오고 유독 막내 쇠백로만이 홀로서기를 힘겨워합니다.